Lernkrimi Französisch

Le bon crime

Autor: Béhem
Illustrator: Thilo Krapp

compact

Lernkrimi Comics erhältlich in vier weiteren Sprachen:

ISBN 978-3-8174-1654-7

ISBN 978-3-8174-1655-4

ISBN 978-3-8174-1657-8

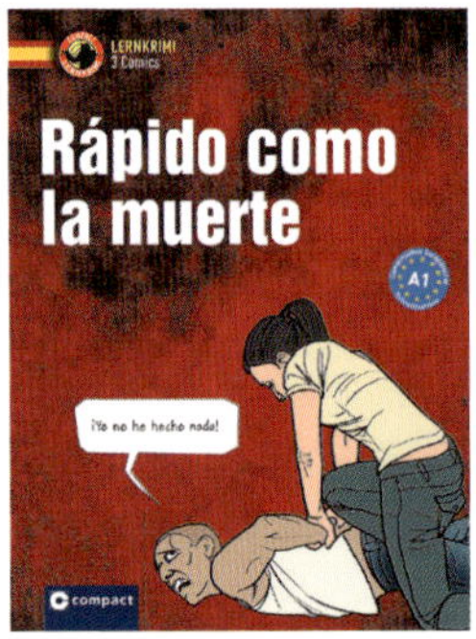

ISBN 978-3-8174-1658-5

Weitere Informationen zu Compact Lernkrimi Comics finden Sie am Ende des Buches und unter www.lernkrimi.de.

Baierbrunner Straße 27, 81379 München
Ausgabe 2017

Redaktion: Marie Frey
Fachkorrektur: Sandrine Famin
Produktion: Ute Hausleiter
Lernkrimi-Logo: Carsten Abelbeck
Gestaltung: textum GmbH
Umschlaggestaltung: red.sign GbR, Stuttgart

ISBN 978-3-8174-1656-1
381741656/1

www.compactverlag.de, www.lernkrimi.de, www.facebook.de/lernkrimi

Vorwort

Liebe Leserin, lieber Leser,

sicher zum Lernerfolg – mit Spaß und Spannung! Die Compact Lernkrimis mit ihrer Kombination aus fesselnder Lektüre und didaktischem Übungsanteil eignen sich hervorragend, um breite Sprachkompetenzen in der Fremdsprache zu erwerben. Der Lernende wird dabei durch die spannende Handlung, das angemessene Sprachniveau und den stetig ansteigenden Schwierigkeitsgrad der Übungen gefördert und motiviert. Entwickelt nach neuesten Erkenntnissen der Fremdsprachendidaktik sind Compact Lernkrimis das ideale Medium für einen Lernerfolg im Selbststudium. Durch die kleinen Texteinheiten und den hohen Übungsteil sind sie aber auch als Unterrichtslektüre bestens geeignet.

So lernen Sie mit Compact Lernkrimi Comics:

- **Mit Begeisterung lernen:** Die packende Krimihandlung motiviert Sie beim Lesen des französischen Originaltextes.
- **Wissen intensivieren und erweitern:** Durch die Kombination aus didaktisch aufbereiteter Lektüre und textbezogenen Übungen testen und trainieren Sie Ihre Sprachkenntnisse effektiv. Vokabelangaben auf jeder Seite unterstützen Sie beim Lesen.
- **Systematisch lernen:** Knüpfen Sie an Ihr individuelles Sprachniveau an und setzen Sie sich eigene Lernziele.
- **Visuelles Lernen:** Inhalte leichter verstehen mit Comics
- **Unabhängig sein:** Lernen Sie individuell – wo und wann immer Sie wollen.

Viel Spaß beim **spannenden Erlernen der französischen Sprache**
wünscht Ihnen

Prof. Dr. Christiane Neveling
Didaktik der romanischen Sprachen, Universität Leipzig

Das Ermittlerteam

Commandant Marc Louvain

Stets korrekt, vielleicht auch etwas pedantisch, dabei, sportlich, intelligent und mit dem nötigen Scharfsinn. Dem gutaussehenden Polizei-Oberoffizier Marc Louvain entgeht nichts, bisher konnte er jeden Kriminalfall lösen. Deshalb wird er oft zu den besonders rätselhaften Fällen gerufen – für Marc die ideale Gelegenheit, seine herausragenden Qualitäten immer wieder aufs Neue unter Beweis zu stellen.

Alice Bonjean

Doch um auf dem Boden der Tatsachen zu bleiben: Hinter jedem erfolgreichen Mann steht ... eine starke Frau: Alice Bonjean. Die quirlige, selbstbewusste Detektivin scheint der heimliche Kopf des Teams zu sein, jedenfalls setzt sie ihren eigenen gerne durch und bestimmt so immer wieder die Richtung. Louvain könnte manchmal an die Decke gehen wegen Alice – doch wirklich böse ist er ihr nie, dafür hat er sie wohl einfach ein bisschen zu gern ...

Inhalt

Le bon crime 5
Mise en Seine 25
Dîner mortel 47
Test final 69
Solutions 73
Glossaire 76

Le bon crime

se dépêcher	sich beeilen
mort *m*	Toter
mademoiselle	Höflichkeitsanrede für eine junge, unverheiratete Dame
commandant	Dienstgrad in der französischen Polizei, Oberoffizier
content/e	*hier:* erfreut

rapport m d'accident	Unfallbericht
être irr désolé/e	bedauern
victime f	Opfer

tiens	ach, sieh an
devoir *irr*	*hier:* dürfen
savoir *irr*	wissen
poser *irr*	stellen
jeune *m/f*	Jugendliche/r
toujours	immer

devant	vor
bouteille *f*	Flasche
eau *f*	Wasser
verre *m*	Glas
temps *m*	Wetter
SDF *m/f*	Obdachlose/r
mort/e	tot
rue *f*	Straße

aider	helfen
être *irr* en retard	Verspätung haben
participer	teilnehmen
d'accord	einverstanden
mari *m*	Mann, Ehemann
histoire *f*	Geschichte
détester	hassen

↯ boîte *f*	*hier:* Firma
venir *irr* de	kommen aus ...
travailler	arbeiten
voyager	reisen
ne... personne	niemand
connaître	kennen
Chut !	Psst!
jeune	jung

enfin	*hier:* endlich
les voilà	da sind sie
suivre *irr*	folgen
plus tard	später
avoir *irr* besoin de	brauchen
recherche *f*	Untersuchung
voler	*hier:* stehlen

pendant ce temps	währenddessen
enchanté/e	erfreut
comptable m/f	Buchhalter/in
nouveau/nouvelle m/f	Neue(r)
aimer	*hier:* mögen
trop	zu viel
succès m	Erfolg

vouloir *irr* dire	*hier:* meinen
croqueuse *f* d'hommes	Aufreißerin, Herzensbrecherin
écouter	zuhören
jaloux/se	eifersüchtig
être *irr* amoureux/se de	in... verliebt sein
vrai/e	wahr
ne pas... que...	nicht nur
et puis	und außerdem
préférer	bevorzugen

encore	noch
femme *f* au foyer	Hausfrau
entendre	hören
avoir *irr* raison	Recht haben
poison *m*	Gift
tueur *m*	Mörder
ouvert/e	offen
par accident	unabsichtlich
bon/bonne	*hier:* richtig

pas encore	noch nicht
comme toujours	wie immer
raccrocher	auflegen
continuer	fortführen, fortsetzen
royal/e	Königs-
jusqu'à	bis
siècle m	Jahrhundert
construire	bauen
château m	Schloss
célèbre	berühmt
inaugurer	einweihen

bien sûr	natürlich, sicher
ensemble	zusammen
souhaiter	wünschen
jouer	spielen
ne… jamais…	nie
sérieux/se	ernst

attendre *irr*	warten
fou/folle	verrückt
tout le monde	alle, jeder
empoisonné/e	vergiftet
boire *irr*	trinken
Mon Dieu !	Mein Gott!
tiens	*hier:* bitte sehr

ouvert/e	offen
guide *m/f*	Touristenführer/in
au début de	am Anfang von
pas non plus	auch nicht
perdre *irr*	verlieren
billet *m*	Eintrittskarte
ma puce	*hier:* Kleine, Schätzchen
faire *irr* des dessins	Zeichnungen machen, zeichnen

prendre irr qn	*hier:* mit jmd. vorgehen/ los sein
dessinateur m	Zeichner
tuer	ermorden, töten
chauffeur m	Fahrer
tromper	betrügen
se venger	sich rächen
rapport m	Zusammenhang
sentimental	gefühlvoll, liebevoll

Exercices

1 **Qui est qui ?** Setzen die richtigen Figurennamen in den richtigen Satz ein.

1. ______________________________ est commandant de police.

2. ______________________________ est un dessinateur de rue.

3. ______________________________ est lieutenant de police.

4. ______________________________ est une amie de Picpus.

2 **Synonymes.** Suchen Sie im Comic das entsprechende Synonym.

1. heureuse ____________________

2. le mort ____________________

3. ne pas aimer ____________________

4. ne pas être à l'heure ____________________

3 **Le verbe être.** Lesen Sie weiter und setzen Sie die richtige Form von *être* im Präsens ein.

sommes | êtes | suis | es

« Bonjour ! Je **1.** ____________ Alice Bonjean. Et vous, qui **2.** ____________-vous ? Nous **3.** ____________ sur l'île de la Cité, à Paris, mes amis et moi. Et toi, Picpus, où **4.** ____________-tu ? »

4 **Questions.** Fragen Sie mit *qui*, *quoi*, *où* oder *d'où* nach den folgenden Informationen.

1. Il boit de l'eau. Il boit ____________________ ?
2. Elle habite à Paris. Elle habite ____________________ ?
3. Il vient de Lyon. Il vient ____________________ ?
4. Elle connait Picpus. Elle connait ____________________ ?

5 **Vrai ou faux.** Welche Aussagen sind korrekt? Markieren Sie mit richtig ✓ oder falsch –.

1. Nous sommes à Lyon. ❐
2. Marc Louvain est commissaire de police. ❐
3. Picpus s'appelle Germain Dupont. ❐
4. Alice Bonjean ne pense pas que c'est un accident. ❐

6 **Être ou avoir.** Ergänzen Sie die folgenden Sätze mit dem richtig konjugierten Hilfsverb (*a* oder *est*).

1. Picpus __________ bu de l'eau empoisonnée.
2. Franck Lambert __________ directeur commercial.
3. Fanny Peirera __________ six ans.
4. Alice Bonjean dit que Marc Louvain __________ un sentimental.

INFO

Manchen Wörtern sieht man nicht sofort an, zu welcher Wortart sie gehören. *Sentimental* kann ein Adjektiv sein und „gefühlvoll" bedeuten; hier aber wird es als Substantiv in der Bedeutung „ein gefühlvoller Mensch" gebraucht. Zu erkennen ist das am Artikel (*un*) sowie aus dem Zusammenhang.

7 **Les grandes villes de France.** Ordnen Sie die fünf größten französischen Städte von der nördlichsten zu der südlichsten.

Lyon | Nice | Marseille | Paris | Toulouse

1. ______________________
2. ______________________
3. ______________________
4. ______________________
5. ______________________

8 **Qui fait quoi ?** Beantworten Sie die folgenden Fragen.

1. Qui est la victime ? C'est ______________________.
2. Qui est le policier ? C'est ______________________.
3. Qui est le comptable ? C'est ______________________.
4. Qui est le directeur commercial ? C'est ______________________.

9 **Mots mêlés.** Bilden Sie aus den folgenden Wortteilen sinnvolle Begriffe. Die übriggebliebenen Silben verraten das Tatmotiv!

lou | men | po | poi | lice | ris | tal | Pa

sen | son | sie | ja | ti

1. Marc Louvain travaille dans la ______________________.
2. Nous sommes à ______________________.
3. Le tueur met du ______________________ dans la bouteille.
4. Alice Bonjean dit que Marc Louvain est ______________________.

Lösung: ______________________

10 **Le présent.** Setzen Sie die konjugierten Verbformen im Präsens ein.

1. Je savoir ______________
2. Tu connaître ______________
3. Il aller ______________
4. Nous venir ______________

INFO

Kleiner Tipp: Manche Verben – darunter auch *connaître* – verlieren beim Konjugieren in einigen Formen ihren Akzent.

11 **Vocabulaire.** Kreuzen Sie die richtige Antwort an.

1. Une grande église :
   a) ❒ le dôme
   b) ❒ la cathédrale

2. En ville :
   a) ❒ la route
   b) ❒ la rue

3. Pour boire :
   a) ❒ la bouteille
   b) ❒ le sac

4. La maison des rois :
   a) ❒ le châlet
   b) ❒ le château

12 **Devinette.** Enträtseln Sie das Lösungswort, um herauszufinden, wer die Mörderin ist.

1. Le tueur utilise du _ _ _ ☐ _ _.
2. Le grade de Marc Louvain, c'est _ ☐ _ _ _ _ _ _ _ _.
3. Alice appelle Fanny Peirera « ma ☐ _ _ _ ».
4. Quand on veut quelque chose, on le _ _ _ ☐ _ _ _ _.
5. Le surnom de Germain Dupont est _ ☐ _ _ _ _.
6. La forme de politesse pour appeler un homme, c'est _ _ _ _ _ ☐ _ _.

Lösung: _ _ _ _ _ _

13 **Combinez.** Welche der folgenden Elemente gehören zusammen? Ordnen Sie zu.

1. ☐ habiter
2. ☐ visiter
3. ☐ appeler
4. ☐ souhaiter

a) quelque chose
b) à Lyon
c) Paris
d) quelqu'un

INFO

Es gibt im Französischen zwei Arten, um zu sagen, wo man wohnt. Man kann entweder sagen « J'habite à Paris » oder auch « J'habite Paris. »

14 **Trouvez l'intrus.** Welches Wort passt nicht in die Reihe? Unterstreichen Sie.

1. Paris – Bruxelles – Lyon – Marseille
2. Notre-Dame-de-Paris – Le Louvre – La Conciergerie – Le Mont Saint-Michel
3. comptable – policier – visite – directeur commercial
4. Franck – Fanny – Marie – Sylvie

15 **Ordre chronologique.** Lesen Sie weiter und bringen Sie die Sätze in die richtige Reihenfolge.

a) – Qui est la coupable !
b) – Ça y est ! Je sais !
c) – Qui est-ce ?
d) – Tu sais quoi ?

1	2	3	4

Mise en Seine

se dépêcher	sich beeilen
corps *m*	Leiche
en bas	unten
appeler	*hier:* anrufen
vrai/e	wahr
mourir *irr*	sterben
nuit *f*	Nacht

répéter	wiederholen
ami/e m/f	Freund/in
cambriolage m	Einbruch
vouloir irr dire	*hier:* meinen
meurtre m	Mord
savoir irr	wissen
il faut	man muss/wir müssen
parler	sprechen
voisin/e m/f	Nachbar/in

plus tard	später
accompagner	begleiten
choix *m*	Wahl
ouvrir *irr*	öffnen
pourquoi	warum
aimer	*hier:* mögen
inconnu/e	Unbekannte(r)
dadet *m*	Tollpatsch

bientôt	bald
appeler	*hier:* nennen
connaître *irr*	kennen
tout le monde	alle, jeder
beaucoup	viel
changer	*hier:* sich ändern
depuis	seit
dernier/ère	letzte/r

propriétaire m/f	Besitzer/in
préparer	*hier:* zubereiten
thé m	Tee
invité/e m/f	Gast
vouloir irr	wollen
tueur m	Mörder
grave	schlimm, schwer
accusation f	Anschuldigung

quai *m*	*hier:* Anlegestelle
avoir *irr* besoin	brauchen
d'accord	einverstanden

demi-heure *f*	halbe Stunde
entreprise *f*	Unternehmen
quelque temps	einige Zeit
acheter	kaufen
péniche *f*	Hausboot
obliger	zwingen
vendre *irr*	verkaufen

en début de	am Anfang von
après-midi m	Nachmittag
écouter	zuhören
bien sûr	natürlich, sicher
entrez	herein
voir irr	sehen
porte f	Tür
à droite	rechts

question *f*	Frage
je vous en prie	bitte (schön)
sûr	sicher
racheter	*hier:* abkaufen
près de	neben, nahe
pont *m*	Brücke
en effet	tatsächlich
refuser	verweigern, sich weigern
croire *irr*	glauben
meilleur/e	besser/e
offre *f*	Angebot

comment ça	wie, wie das
entendre irr	hören
évident/e	selbstverständlich
ne plus	nicht mehr
se mêler	sich einmischen
promis	versprochen
ramener	zurückbringen

allons-y	*hier:* Auf geht's!
maintenant	jetzt
attendre *irr*	warten

être *irr* temps	Zeit sein
en finir *irr* avec qc	etw. zu Ende bringen
instant *m*	Augenblick, Moment
arrêter	aufhören

Bon débarras !	Den wären wir los!
Au secours !	Hilfe!
feu *m*	Feuer
pompier *m*	Feuerwehrmann
Mon Dieu !	Mein Gott!
arrêter	*hier:* anhalten
tout va bien	alles gut
rattraper	einfangen, kriegen
peut-être	vielleicht

interdit/e	verboten
dangereux/euse	gefährlich
s'inquiéter	sich Sorgen machen
avoir *irr* raison	Recht haben
tenez	*hier:* da, hier, nehmen Sie
preuve *f*	Beweis

lendemain *m*	folgender Tag
coupable	schuldig
ne rien	nichts
essayer	versuchen
se passer	ereignen
incendie *m*	Brand
tentative *f* de meurtre	versuchter Mord
meurtre *m*	Mord
prison *f*	Gefängnis
donner	geben
argent *m*	Geld
mettre *irr* le feu	Feuer legen

mieux	besser
fleuve *m*	Fluss
malade	krank
pourquoi	warum
convaincre *irr*	überzeugen

rester	bleiben
en état d'arrestation	in Haft
remonter	*hier:* (aus dem Wasser) hochziehen
triste	*hier:* bedauernswert
aider	helfen
plonger	tauchen
sauver	retten
dommage	schade

Exercices

1

Compréhension de texte. Beantworten Sie die folgenden Fragen anhand der aufgelisteten Elemente.

Lucien Mallet | Geneviève Mallet | Jean-Claude Schneider | Léon Charasse

1. Qui s'appelle Fric-Frac ? C'est ______________________.
2. Qui s'appelle Charlot ? Ce sont ______________________.
3. Qui est malade ? C'est ______________________.
4. Qui travaille pour Alain Rachard ? Ce sont ______________________.

2

Trouvez l'intrus. Welches Wort passt nicht in die Reihe? Unterstreichen Sie.

1. péniche | Seine | fleuve | policier
2. immobilier | acheter | lendemain | vendre
3. feu | malade | pompier | incendie
4. après-midi | meurtre | crime | tueur

3

Combinez. Welche der folgenden Elemente gehören zusammen? Ordnen Sie zu.

1. ☐ acheter — a) besoin
2. ☐ obliger — b) des péniches
3. ☐ avoir — c) du thé
4. ☐ préparer — d) à vendre

4 Le présent. Setzen Sie die korrekte Verbform im Präsens ein.

1. Je connaître ____________________
2. Vous avoir ____________________
3. Nous être ____________________
4. Tu savoir ____________________

5 Mots cachés. Finden Sie acht Begriffe, die einen Bezug zur Geschichte haben.

A	R	S	T	I	L	F	E	U	N
O	S	P	I	O	R	L	A	N	P
P	E	N	I	C	H	E	L	A	O
O	I	C	R	E	L	U	S	O	M
F	N	I	M	E	R	V	A	L	P
I	E	N	O	L	A	E	M	N	I
M	O	A	P	R	E	S	T	U	E
I	M	M	O	B	I	L	I	E	R
U	L	A	N	O	P	R	A	T	U
S	T	A	T	U	E	U	R	O	N

INFO

Akzente setzt man im Französischen meist nicht auf Großbuchstaben. Deshalb sind in diesem Gitternetz alle Begriffe ohne Akzent geschrieben. Wissen Sie, auf welche Wörter ein Akzent gehört?

6 Ordre chronologique. Lesen Sie weiter und bringen Sie die Sätze in die richtige Reihenfolge.

a) – Lucien, je sais qu'elle est malade.
b) – Qu'est-ce que tu veux dire ?
c) – Tu sais, Alice, j'aime la Seine. Ce fleuve, c'est Paris.
d) – Oui, je sais. Comment va Geneviève ?

1	2	3	4

7 Vocabulaire. Kreuzen Sie die richtige Antwort an.

1. Un bateau sur la Seine
   a) ❒ la péniche
   b) ❒ le paquebot

2. Bir-Hakeim est
   a) ❒ une route
   b) ❒ un pont

3. À Paris, il y en a 20
   a) ❒ arrondissements
   b) ❒ quartiers

4. Rachard Immobilier est une
   a) ❒ entremise
   b) ❒ entreprise

8 Familles de mots. Suchen Sie im Comic die entsprechende Form und tragen Sie sie in die Tabelle ein.

	Substantif	Verbe
1.	______	accuser
2.	le changement	______
3.	______	choisir
4.	la connaissance	______
5.	la répétition	______

9 Les monuments de Paris. Ordnen Sie die Pariser Monumente ihrem Bild zu.

le pont Bir-Hakeim | la Tour Eiffel | la Conciergerie | Notre-Dame-de-Paris

1 

2 

3 

4 

1. ______

2. ______

3. ______

4. ______

10 **Traduisez.** Finden Sie im Comic die Übersetzung der unten stehenden Wörter.

1. Leiche ______________________
2. Mord ______________________
3. begleiten ______________________
4. Besitzer/in ______________________
5. Gast ______________________
6. einverstanden ______________________

11 **Corrigez.** Lesen Sie den Blog von Alice Bonjean und korrigieren Sie die vier Fehler im Absatz!

Léon Charasse est morte sur sa péniche. On pense que c'est un cambrioleur. Mais son voisin, Lucien Mallet, nous dit que c'est une histoire d'immobilier. Rachard Immobilier veut racheter les péniche qui sont sur la Seine. C'est Jean-Claude Schneider qui rachète les péniches. Il veux mettre le feu à la péniche de Léon Charasse. Finalement, c'est le voisin, Lucien Mallet, qui a tuée Léon Charasse.

1. ______________________ 2. ______________________

3. ______________________ 4. ______________________

12 **Les prépositions.** Ergänzen Sie die folgende Beschreibung mit der passenden Präposition!

à | avec | à | prés du | sur

L'histoire se passe **1.** ________ Paris, **2.** ________ pont de Bir-Hakeim. Elle commence **3.** ________ le quai où il y a les péniches. Quand il trouve le corps, le commandant Marc Louvain est **4.** ________ le lieutenant Mohammed Bakri. Alice Bonjean dit **5.** ________ Marc Louvain que ce n'est pas un cambriolage.

13 **Vrai ou faux ?** Markieren Sie mit richtig ✓ oder falsch –.

1. C'est Charlot qui appelle Alice Bonjean. ☐
2. C'est Jean-Claude Schneider qui met le feu. ☐
3. Geneviève Mallet est en forme. ☐
4. Marc Louvain plonge dans la Seine pour sauver Alice Bonjean. ☐

14 **Acheter et vendre.** Lesen Sie weiter und ergänzen Sie den folgenden Textabschnitt mit dem passenden Begriff!

vendre | racheter | immobilier | argent

Jean-Claude Schneider est le directeur d'une grosse agence qui travaille dans l'**1.** ____________________. Il veut **2.** ____________________ toutes les péniches. Jean-Claude Schneider oblige les propriétaires à **3.** ____________________ ou il leur donne beaucoup d'**4.** ____________________.

15 **Devinette.** Ergänzen Sie das Rätsel, um herauszufinden, worum es in der gesamten Handlung geht. C'est une…

1. Marc Louvain et Mohammed Bakri travaillant dans la…
2. Rachard Immobilier est une…
3. Quand on ne veut pas, on dit…
4. Quand quelqu'un vient chez vous, c'est votre…
5. Le grade de Marc Louvain, c'est…
6. Le pont à côté des péniches, c'est le pont de Bir-…
7. Quand quelqu'un frappe à la porte, on dit…

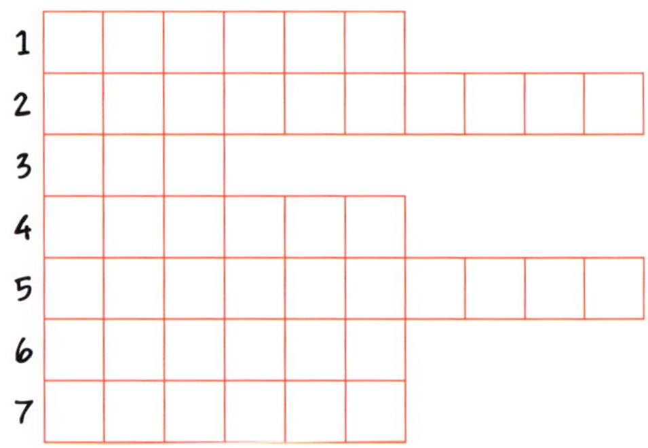

Lösung: C'est une _ _ _ _ _ _ _ _.

Dîner mortel

ne pas être *irr* trop mal	*hier:* gar nicht mal so schlecht aussehen
cheveux *m pl*	Haare
je vous en prie	bitte sehr
bientôt	bald

devoir *irr*	*hier:* schulden
combien	wie viel
magnifique	wunderschön
on y va	*hier:* los geht's
content/e	*hier:* erfreut
voir *irr*	sehen

ravissant/e	entzückend
souvent	oft
connaître *irr*	kennen
tout le monde	alle, jeder
vrai/e	richtig, wahr
Parisien/ne *m/f*	Pariser/in
vie *f*	Leben
ville *f*	Stadt
connaître qc *irr* comme sa poche	etw. wie seine Westentasche kennen

reconnaître *irr*	wiedererkennen
passer la soirée	den Abend verbringen
félicitations *f pl*	Glückwunsch

Au secours !	Hilfe!
Mon Dieu !	Mein Gott!
arriver	*hier:* passieren
appeler	*hier:* anrufen
médecin *m*	Arzt
secours *m pl*	Rettungsdienst

croire *irr*	glauben
homme *m*	Mann
tuer	töten, ermorden
poison *m*	Gift
dîner	zu Abend essen

pourquoi	warum
mourir *irr*	sterben
vite	schnell
sûr/e	sicher
savoir *irr*	wissen
venir *irr*	kommen
comment	wie
personnel *m*	Personal
pouvoir *irr*	können
aider	helfen

prendre *irr* son temps	sich Zeit lassen
fêter	feiern
mari *m*	Mann, Ehemann
gros/se	*hier:* wichtig
contrat *m*	Vertrag
cent	hundert
demi-millard *m*	halbe Milliarde
mobile *m*	*hier:* Tatmotiv
meurtre *m*	Mord
raconter	erzählen
dîner *m*	Abendessen

signer	unterzeichnen
après-midi m	Nachmittag
ce soir	heute Abend
content/e	zufrieden

si	wenn
il y a	es gibt
travail *m*	Arbeit
donner	geben
patron *m*	Chef
relation *f*	Beziehung
aimer	lieben
coucher avec qn	mit jmd. schlafen

réunion *f*	Besprechung, Meeting
rappeler	*hier:* zurückrufen
triste	traurig
affaires *f pl*	*hier:* Geschäfte
ensemble	zusammen
Chut !	Pst!
fou/folle	verrückt
enfin	*hier:* also

tueur *m*	Mörder
adjoint *m*	Assistent, Stellvertreter
penser	denken
hériter	erben
jaloux/se	eifersüchtig
laquelle	welche
venir *irr*	kommen
trouver	finden
table *f*	Tisch
cuisine *f*	Küche

vouloir *irr* dire	meinen
chercher	suchen
ne pas encore	noch nicht
impressionnant/e	beeindruckend
formidable	wunderbar
comment	wie
pas du tout	gar nicht, überhaupt nicht

ne que	nur
chinois/e	chinesisch
pendant	während
études *f pl*	Studium
quand	*hier:* als
ça y est	geschafft
là	da, dort
regarder	hinsehen, ansehen
heure *f*	*hier:* Uhrzeit

descendre *irr*	hinuntergehen
main *f*	Hand
rester	bleiben
Merde !	Scheiße!

arrêter	anhalten, stehenbleiben
↯ dégager	abhauen
Aïe !	Aua!
s'enfuir *irr*	flüchten
se rendre *irr*	sich ergeben, sich stellen
jamais	nie, niemals
arrêter qn	*hier:* jmd. festnehmen
se passer	sich ereignen, passieren

escroc *m*	Betrüger
vendre *irr*	verkaufen
entreprise *f*	Unternehmen
en faillite	pleite
assurance-vie *f*	Lebensversicherung
plusieurs	mehrere
inviter	einladen
d'accord	einverstanden
déranger	stören
dommage	schade

Exercices

1 **Qui est qui ?** Setzen die folgenden Figurennamen in den richtigen Satz ein.

Natalie Boudon | Kévin Delaporte | Marie-Claude Melon | Stanislas Héroux

1. ______________________________ est la femme de Jacques Melon.
2. ______________________________ est la secrétaire de Pierre Dantec.
3. ______________________________ est l'adjoint de Pierre Dantec.
4. ______________________________ est le chauffeur des Melon.

2 **Le présent.** Setzen Sie die korrekte Verbform im Präsens ein.

1. Je devoir ______________________
2. Tu faire ______________________
3. Je connaître ______________________
4. Vous appeler ______________________

3 **Ordre chronologique.** Lesen Sie weiter und bringen Sie die Sätze in die richtige Reihenfolge.

a) – À quelle adresse ?
b) – Très bien. Dans dix minutes.
c) – Bonsoir Madame, j'ai besoin d'un taxi, s'il vous plaît.
d) – Au 14, boulevard Saint-Michel.

1	2	3	4

4 Vocabulaire. Kreuzen Sie die richtige Antwort an.

1. Une femme qui habite à Paris, c'est une...
   a) ❐ Parisienne. b) ❐ Parisaise.

2. Maxime Durand est très content de passer... avec Maxime Durand.
   a) ❐ le soir b) ❐ la soirée

3. Un synonyme du mot *docteur* :
   a) ❐ médecin b) ❐ médecine

4. Le soir, on va...
   a) ❐ déjeuner b) ❐ dîner

5 Qui fait quoi ? Ordnen Sie die vier Figuren ihrem Beruf zu.

policier | médecin | serveur | chauffeur de taxi

1. 
2. 
3. 
4. 

1. ______________________
2. ______________________
3. ______________________
4. ______________________

6 Définitions et synonymes. Suchen Sie im Comic die gesuchten Begriffe.

1. les personnes qui travaillent au restaurant ______________________
2. faire la fête ______________________
3. le repas du soir ______________________
4. le chef ______________________

7 **Corrigez.** Lesen Sie im Tagebuch von Alice Bonjean und korrigieren Sie die vier Fehler im Absatz.

Ce soir, j'ai rendez-vous au restaurant avec Maxime Durand. Nous allons mangé à la tour Eiffel. Je suis très content de dîner avec lui. Il est médecine. Nous nous sommes rencontré sur un marché. Il est très sympathique et… très beau !

1. ______________________ 2. ______________________

3. ______________________ 4. ______________________

8 **Le participes passé.** Streichen Sie die falsche Partizip-Form weg.

1. dire → J'ai dis / dit.
2. tuer → J'ai tué / tu.
3. donner → J'ai donné / dû.
4. trouver → J'ai trouvu / trouvé.

9 **Combinez.** Welche der folgenden Elemente gehören zusammen? Ordnen Sie zu!

1. ☐ organiser
2. ☐ un mobile
3. ☐ vouloir
4. ☐ prendre

a) dire
b) son temps
c) de meurtre
d) une réunion

10 **Vrai ou faux ?** Welche Aussagen sind korrekt? Markieren Sie mit richtig ✓ oder falsch –.

1. Pierre Dantec est mort très vite. ☐
2. Le poison ne vient pas du restaurant. ☐
3. Natalie Boudon n'aime pas Pierre Dantec. ☐
4. Le poison est dans les cuisines. ☐

11 **Trouvez l'intrus.** Welches Wort passt nicht in die Reihe? Unterstreichen Sie.

1.	formidable	terrible	génial	super
2.	semestre	études	université	meurtre
3.	penser	chercher	trouver	rechercher
4.	cuisine	restaurant	poison	serveur

12 **La négation.** Verneinen Sie die folgenden Sätze.

1. Le poison est dans les cuisines. ______________________________

2. Vous le savez. ______________________________

3. Arrêtez ! ______________________________

4. Vous l'avez aidé. ______________________________

13 **La tour Eiffel.** Ergänzen Sie den folgenden Absatz über die Geschichte des Eiffelturms.

ingénieur | fer | monument | mètres | 1889

La tour Eiffel est présentée au public pour l'Exposition universelle de **1.** ______________. Elle est construite par l'**2.** ______________ français Gustave Eiffel. Elle est construite en **3.** ______________. Aujourd'hui, elle mesure 324 **4.** ______________. C'est le deuxième **5.** ______________ le plus visité de France après la cathédrale Notre-Dame-de-Paris.

14 **Mots croisés.** Finden Sie die gesuchten Begriffe, bringen Sie die Buchstaben in die richtige Reihenfolge und finden Sie das Lösungswort heraus.

Waagerecht:

1. L'histoire se passe dans un...
5. L'arme du crime est le...
6. Alice Bonjean passe un semestre à Pékin pendant ses...

Senkrecht:

2. L'histoire se passe dans la tour...
3. Un, c'est le singulier, et..., c'est le pluriel.
4. Stanislas Héroux est l'... de Pierre Dantec.

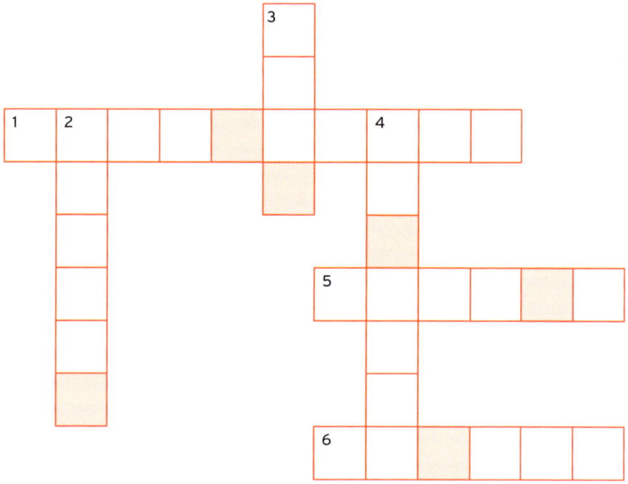

Lösung: Marc Louvain est _ _ _ _ _ _ de Maxime Durand.

15 **Qui fait quoi ?** Beantworten Sie die folgenden Fragen.

Maxime Durand | Marc Louvain | Marie-Claude Melon | Kévin Delaporte

1. Qui tue Pierre Dantec ? C'est ______________________.
2. Qui cache le poison ? C'est ______________________.
3. Qui dîne avec Alice Bonjean ? C'est ______________________.
4. Qui arrête le chauffeur ? C'est ______________________.

Test final

1 **Mots cachés.** In diesem Gitternetz sind neun Begriffe (drei pro Geschichte) versteckt. Welche sind es?

A	P	O	L	U	S	M	E	S	E
R	E	S	T	A	U	R	A	N	T
C	N	O	U	L	E	R	D	A	O
D	I	N	E	R	L	V	E	M	U
I	C	A	B	U	E	I	S	O	R
R	H	E	R	O	R	S	T	I	V
F	E	U	L	P	O	I	S	O	N
E	L	T	R	I	S	T	A	F	E
L	L	O	U	V	R	E	G	O	T
I	M	M	O	B	I	L	I	E	R

Le bon crime

1. ____________________
2. ____________________
3. ____________________

Mise en Seine

1. ____________________
2. ____________________
3. ____________________

Dîner mortel

1. ____________________
2. ____________________
3. ____________________

2 **Vrai ou faux ?** Markieren Sie mit richtig ✓ oder falsch –.

1. Marc Louvain est commandant de police. ❐
2. Alice Bonjean est lieutenant de police. ❐
3. Alice Bonjean connaît très bien Paris. ❐
4. Marc Louvain n'aime pas beaucoup Alice Bonjean. ❐

3 **Le présent.** Ergänzen Sie den folgenden Absatz mit den passenden Verben.

connaît | aime | demande | habite | travaille | aide

Alice Bonjean est une jeune femme qui **1.** __________ à Paris. Elle **2.** __________ très bien la ville. Le commandant Marc Louvain **3.** __________ dans la police, à la brigade criminelle. Il **4.** __________ beaucoup Alice Bonjean mais il ne veut pas le lui dire. Souvent, Marc Louvain lui **5.** __________ quelque chose. Et Alice Bonjean l'**6.** __________ toujours.

4 **Vocabulaire.** Kreuzen Sie die richtige Antwort an.

1. Un officier de police, c'est un...
- **a)** ❐ commandant.
- **b)** ❐ commandeur.

2. La ville de Paris a 20...
- **a)** ❐ arrondis.
- **b)** ❐ arrondissements.

3. Le fleuve qui coule à Paris s'appelle...
- **a)** ❐ la Seine.
- b) ❐ la Scène.

4. La tour Eiffel est à côté du...
- **a)** ❐ Champ-de-Mars.
- **b)** ❐ Champs-Élysées.

5 **Ordre chronologique.** Lesen Sie weiter und bringen Sie die Sätze in die richtige Reihenfolge.

Dans chaque histoire,

a) mais Alice Bonjean s'intéresse à l'enquête
b) et ils trouvent la solution ensemble
c) il y a un crime
d) c'est Marc Louvain qui enquête

1	2	3	4

6 Traduisez. Finden Sie in den drei Comics die Übersetzung der untenstehenden Wörter aus dem Kriminalwortschatz.

1. der Polizist ____________________
2. der Mord ____________________
3. der Mörder ____________________
4. das Tatmotiv ____________________
5. das Alibi ____________________
6. der Schuldige ____________________

7 Villes et habitant(e)s. Ergänzen Sie die Tabelle mit der Stadt oder ihren Einwohnern/erinnen.

	Ville	Habitant(e)s
1.	____________________	les Lyonnais(es)
2.	Paris	____________________
3.	____________________	les Toulousain(e)s
4.	Marseille	____________________
5.	____________________	les Strasbourgeois(e)s

8 Le passé composé. Setzen Sie die korrekte Verbform im Passé composé ein!

1. Je donne. ____________________
2. Je mets. ____________________
3. Je reconnais. ____________________
4. Je tue. ____________________

9 **Les prépositions.** Ergänzen Sie die folgende Visite von Paris mit der passenden Präposition!

sur | à | avec | de | à | au

Les trois histoires se passent **1.** __________ Paris. Dans la première histoire, Alice Bonjean fait une visite **2.** __________ Paris. Dans la deuxième histoire, les péniches sont **3.** __________ la Seine. Le coupable veut mettre le feu **4.** __________ une péniche. Dans la troisième histoire, Alice Bonjean va dîner **5.** __________ restaurant **6.** __________ Maxime Durand.

10 **La négation.** Verneinen Sie die folgenden Sätze.

1. Le poison vient du restaurant. ______________________________
2. Alice Bonjean connaît déjà l'identité du coupable.
   ____
3. Coralie est toujours sérieuse. ______________________________
4. Les Peirera boivent aussi à la conciergerie.
   ____

11 **Les objets.** Beschriften Sie die Gegenstände im Bild mit den korrekten Substantiven und fügen Sie jeweils den bestimmten Artikel hinzu.

Solutions

Le bon crime

1 : 1. Marc Louvain 2. Germain Dupont 3. Mohammed Bakri 4. Alice Bonjean
2 : 1. contente 2. la victime 3. détester 4. être en retard
3 : 1. suis 2. êtes 3. sommes 4. es
4 : 1. quoi 2. où 3. d'où 4. qui
5 : 1. faux (Nous sommes à Paris.) 2. faux (Marc Louvain est commandant de police.) 3. vrai 4. vrai
6 : 1. a 2. est 3. a 4. est
7 : 1. Paris 2. Lyon 3. Nice 4. Toulouse 5. Marseille
8 : 1. Germain Dupont 2. Marc Louvain 3. Jérôme Sarrasin 4. Franck Lambert
9 : 1. police 2. Paris 3. poison 4. sentimental
Lösung: jalousie
10 : 1. Je sais. 2. Tu connais. 3. Il va. 4. Nous venons.
11 : 1. b 2. b 3. a 4. b
12 : 1. poison 2. commandant 3. puce 4. souhaite 5. Picpus 6. monsieur
Lösung: Sophie
13 : 1. b 2. c 3. d 4. a
14 : 1. Bruxelles 2. Le Mont Saint-Michel 3. visite 4. Franck
15 : 1. b 2. d 3. a 4. c

Mise en Seine

1 : 1. Léon Charasse 2. Lucien Mallet 3. Geneviève Mallet 4. Jean-Claude Schneider
2 : 1. policier 2. lendemain 3. malade 4. après-midi
3 : 1. b 2. d 3. a 4. c
4 : 1. Je connais. 2. Vous avez. 3. Nous sommes. 4. Tu sais.
5 :

A	R	S	T	I	L	F	E	U	N
O	S	P	I	O	R	L	A	N	P
P	E	N	I	C	H	E	L	A	O
O	I	C	R	E	L	U	S	O	M
F	N	I	M	E	R	V	A	L	P
I	E	N	O	L	A	E	M	N	I
M	O	A	P	R	E	S	T	U	E
I	M	M	O	B	I	L	I	E	R
U	L	A	N	O	P	R	A	T	U
S	T	A	T	U	E	U	R	O	N

6 : 1. c 2. d 3. b 4. a
7 : 1. a 2. b 3. a 4. b
8 : 1. l'accusation *(f.)* 2. changer 3. le choix 4. connaître 5. répéter
9 : 1. Notre-Dame-de-Paris 2. la Tour Eiffel 3. le pont Bir-Hakeim 4. la Conciergerie
10 : 1. corps 2. meurtre 3. accompagner 4. propriétaire 5. invité/e 6. d'accord

11 : 1. mort (morte) 2. les péniches (les péniche) 3. veux (veut) 4. tué (tuée)
12 : 1. à 2. près du 3. sur 4. avec 5. à
13 : 1. vrai 2. vrai 3. faux (Geneviève Mallet est malade.) 4. faux (Marc Louvain ne plonge pas dans la Seine pour sauver Alice Bonjean.)
14 : 1. immobilier 2. racheter 3. vendre 4. argent
15 :

1	**P**	O	L	I	C	E				
2	**E**	N	T	E	R	P	R	I	S	E
3	**N**	O	N							
4	**I**	N	V	I	T	E				
5	**C**	O	M	M	A	N	D	A	N	T
6	**H**	A	K	E	I	M				
7	**E**	N	T	R	E	Z				

Lösung: C'est une PENICHE (péniche).

Dîner mortel

1 : 1. Marie-Claude Melon 2. Natalie Boudon 3. Stanislas Héroux 4. Kévin Delaporte
2 : 1. Je dois. 2. Tu fais. 3. Je connais. 4. Vous appelez.
3 : 1. a 2. b 3. a 4. b
4 : 1. c 2. a 3. d 4. b
5 : 1. chauffeur de taxi 2. serveur 3. médecin 4. policier
6 : 1. le personnel 2. fêter 3. le dîner 4. le patron
7 : 1. mangé (manger) 2. contente (content) 3. médecin (médecine) 4. rencontrés (rencontré)
8 : 1. dit 2. tué 3. donné 4. trouvé
9 : 1. d 2. c 3. b 4. a
10 : 1. vrai 2. vrai 3. faux (Natalie Boudon aime Pierre Dantec.) 4. faux (Le poison n'est pas dans les cuisines.)
11 : 1. terrible 2. meurtre 3. penser 4. poison
12 : 1. Le poison n'est pas dans les cuisines. 2. Vous ne le savez pas. 3. N'arrêtez pas ! 4. Vous ne l'avez pas aidée.
13 : 1. 1889 2. ingénieur 3. fer 4. mètres 5. monument
14 :

					3 D						
					E						
1 R	2 E	S	T	A	U	R	4 A	N	T		
	I				X		D				
	F						J				
	F					5 P	O	I	S	O	N
	E						I				
	L						N				
						6 E	T	U	D	E	S

Lösung: Marc Louvain est JALOUX de Maxime Durand.
15 : 1. Marie-Claude Melon 2. Kévin Delaporte 3. Maxime Durand 4. Marc Louvain

Test final

1 :

A	P	O	L	U	S	M	E	S	E
R	E	S	T	A	U	R	A	N	T
C	N	O	U	L	E	R	D	A	O
D	I	N	E	R	L	V	E	M	U
I	C	A	B	U	E	I	S	O	R
R	H	E	R	O	R	S	T	I	V
F	E	U	L	P	O	I	S	O	N
E	L	T	R	I	S	T	A	F	E
L	L	O	U	V	R	E	G	O	T
I	M	M	O	B	I	L	I	E	R

Le bon crime: 1. visite 2. Louvre 3. poison
Mise en Seine: 1. péniche 2. immobilier 3. feu
Dîner mortel: 1. restaurant 2. dîner 3. poison

2 : 1. vrai 2. faux (Alice Bonjean n'est pas lieutenant de police.) 3. vrai 4. faux (Marc Louvain aime beaucoup Alice Bonjean.)

3 : 1. habite 2. connaît 3. travaille 4. aime 5. demande 6. aide

4 : 1. a 2. b 3. a 4. a

5 : 1. c 2. d 3. a 4. b

6 : 1. le policier 2. le meurtre 3. le meurtrier/le tueur 4. le mobile 5. l'alibi *(m.)* 6. le coupable

7 :

	Ville	Habitant(e)s
1.	**Lyon**	les Lyonnais(es)
2.	Paris	**les Parisien(ne)s**
3.	**Toulouse**	les Toulousain(e)s
4.	Marseille	**les Marseillais(e)s**
5.	**Strasbourg**	les Strasbourgeois(e)s

8 : 1. J'ai donné. 2. J'ai mis. 3. J'ai reconnu. 4. J'ai tué.

9 : 1. à 2. de 3. sur 4. à 5. au 6. avec

10 : 1. Le poison ne vient pas du restaurant. 2. Alice Bonjean ne connaît pas encore l'identité du coupable. 3. Coralie n'est jamais sérieuse. 4. Les Peirera ne boivent pas non plus à la conciergerie.

11 :

Glossaire

ɥ = umgangssprachlich
f = feminin
m = maskulin
pl = Plural
irr = unregelmäßiges Verb

à droite rechts
accompagner begleiten
accusation *f* Anschuldigung
acheter kaufen
adjoint *m* Assistent, Stellvertreter
affaires *f pl* *hier:* Geschäfte
aider helfen
Aïe ! Aua!
aimer lieben, mögen
allons-y Gehen wir! Los! Auf geht's!
ami/e *m/f* Freund/in
appeler anrufen; heißen; nennen
après-midi *m* Nachmittag
argent *m* Geld
arrêter anhalten, stehenbleiben
arrêter qn *hier:* jmd. festnehmen
arriver passieren
assurance-vie *f* Lebensversicherung
attendre *irr* warten
au début de am Anfang von
Au secours ! Hilfe!
avoir *irr* **besoin de qc** etw. brauchen
avoir *irr* **raison** Recht haben
beaucoup viel
bien sûr natürlich, sicher
bientôt bald
billet *m* Eintrittskarte
boire *irr* trinken
ɥ **boîte** *f* Firma
Bon débarras ! Den wären wir los!
bon/bonne *hier:* richtig
bouteille *f* Flasche
ça y est geschafft
cambriolage *m* Einbruch
ce soir heute Abend
célèbre berühmt
cent hundert
changer sich ändern
château *m* Schloss
chauffeur *m* Fahrer
chercher suchen
cheveux *m pl* Haare
chinois/e chinesisch
choix *m* Wahl
Chut ! Pst!
combien wie viel
commandant Dienstgrad in der französischen Polizei, Oberoffizier
comme toujours wie immer
comment ça wie, wie das
comment wie
comptable *m/f* Buchhalter/in
connaître *irr* kennen
connaître qc comme sa poche etw. wie seine Westentasche kennen
construire bauen
content/e erfreut; zufrieden
continuer fortführen, fortsetzen
contrat *m* Vertrag
convaincre *irr* überzeugen
corps *m* Leiche
coucher avec qn mit jmd. schlafen

coupable	schuldig
croire *irr*	glauben
croqueuse *f* **d'hommes**	Aufreißerin, Herzensbrecherin
cuisine *f*	Küche
d'accord	einverstanden
d'où	woher
dadet *m*	Tollpatsch
dangereux/euse	gefährlich
dans	in
↯ **dégager**	abhauen
demi-heure *f*	halbe Stunde
demi-milliard *m*	halbe Milliarde
se dépêcher	sich beeilen
depuis	seit
déranger	stören
dernier/ère	letzte(r)
descendre *irr*	hinuntergehen
dessinateur *m*	Zeichner
détester	hassen
devant	vor
devoir *irr*	dürfen; müssen; schulden
dîner *m*	Abendessen
dîner	zu Abend essen
dire *irr*	sagen
dommage	schade
donner	geben
écouter	zuhören
empoisonné/e	vergiftet
en bas	unten
encore	noch
en début de	am Anfang von
en effet	tatsächlich
en état d'arrestation	in Haft
en faillite	pleite
en finir *irr* **avec qc**	etw. zu Ende bringen
enchanté/e	erfreut
enfin	also; endlich
s'enfuir *irr*	flüchten
ensemble	zusammen
entendre *irr*	hören
entreprise *f*	Unternehmen
entrez	herein
environ	etwa
escroc *m*	Betrüger
essayer	versuchen
et puis	und außerdem
être *irr* **amoureux/se de**	in jdn. verliebt sein
être *irr* **désolé/e**	bedauern
être *irr* **en retard**	Verspätung haben
être *irr* **temps**	Zeit sein
études *f pl*	Studium
évident/e	selbstverständlich
excuser	entschuldigen
faire *irr* **des dessins**	zeichnen
félicitations *f pl*	Glückwunsch
femme *f* **au foyer**	Hausfrau
fêter	feiern
feu *m*	Feuer
fleuve *m*	Fluss
formidable	wunderbar
fou/folle	verrückt
grave	schlimm, schwer
gros/se	*hier:* wichtig
guide *f*	Touristenführerin
hériter	erben
heure *f*	*hier:* Uhrzeit
histoire *f*	Geschichte
homme *m*	Mann
ici	hier
il faut	man muss/wir müssen
il y a	es gibt
impressionnant/e	beeindruckend
inaugurer	einweihen
incendie *m*	Brand
inconnu/e	Unbekannte(r)
instant *m*	Augenblick, Moment
s'inquiéter *irr*	sich Sorgen machen
interdit/e	verboten
invité/e *m/f*	Gast
inviter	einladen
jaloux/se	eifersüchtig
jamais	nie, niemals

je vous en prie	bitte sehr
jeune *m/f*	Jugendliche/r
jeune	jung
jusqu'à	bis
là	da, dort
laquelle	welche
lendemain *m*	folgender Tag
les voilà	da sind sie
ma puce	meine Kleine, Schätzchen
mademoiselle	Höflichkeitsanrede für eine junge Dame
magnifique	wunderschön
main *f*	Hand
maintenant	jetzt
malade	krank
mari *m*	Mann, Ehemann
médecin *m*	Arzt
meilleur/e	besser/e
se mêler	sich einmischen
Merde !	Scheiße!
mettre *irr* **le feu**	Feuer legen
meurtre *m*	Mord
mieux	besser
mobile *m*	*hier:* Tatmotiv
Mon Dieu !	Mein Gott!
mort *m*	Toter
mort/e	tot
mourir *irr*	sterben
ne pas encore	noch nicht
ne pas être *irr* **trop mal**	*hier:* gar nicht mal so schlecht aussehen
ne pas	nicht
ne plus	nicht mehr
ne que	nur
ne rien	nichts
ne... jamais...	nie
ne... personne	niemand(en)
nouveau/nouvelle *m/f*	Neue(r)
nuit *f*	Nacht
obliger	zwingen
offre *f*	Angebot
on y va	los geht's
où	wo
ouvert/e	offen
ouvrir *irr*	öffnen
par accident	unabsichtlich
Parisien/ne	Pariser/in
parler	sprechen
participer	teilnehmen
pas du tout	gar nicht, überhaupt nicht
pas encore	noch nicht
pas non plus	auch nicht
se passer	sich ereignen, passieren
passer la soirée	den Abend verbringen
patron *m*	Chef
pendant ce temps	währenddessen
pendant	während
péniche *f*	Hausboot
penser	denken
perdre *irr*	verlieren
personnel *m*	Personal
peut-être	vielleicht
photo *f*	Bild; Foto
plonger	tauchen
plusieurs	mehrere
plus tard	später
poison *m*	Gift
pompier *m*	Feuerwehrmann
pont *m*	Brücke
poser *irr*	stellen
porte *f*	Tür
pourquoi	warum
pouvoir *irr*	können
préférer	bevorzugen
prendre *irr* **qn**	*hier:* mit jmd. vorgehen/los sein
prendre *irr* **son temps**	sich Zeit lassen
préparer	vorbereiten; zubereiten
près de	neben, nahe
preuve *f*	Beweis
prison *f*	Gefängnis
promis	versprochen

propriétaire *m/f*	Besitzer/in
quai *m*	*hier:* Anlegestelle
quand	als; wann
quelque chose	etwas
quelque temps	einige Zeit
question *f*	Frage
quoi	was
raccrocher	auflegen
racheter	*hier:* abkaufen
raconter	erzählen
ramener	zurückbringen
rappeler	*hier:* zurückrufen
rapport *m*	Zusammenhang
rapport *m* **d'accident**	Unfallbericht
rattraper	einfangen, kriegen
ravissant/e	entzückend
recherche *f*	Untersuchung
reconnaître *irr*	wiedererkennen
refuser	verweigern, sich weigern
regarder	hinsehen, ansehen
relation *f*	Beziehung
remonter	*hier:* (aus dem Wasser) hochziehen
se rendre *irr*	sich ergeben, sich stellen
répéter	wiederholen
rester	bleiben
réunion *f*	Besprechung, Meeting
royal/e	Königs-
rue *f*	Straße
sauver	retten
savoir *irr*	wissen
SDF *m/f*	Obdachlose/r
secours *m pl*	Rettungsdienst
secrétaire *f/m*	Sekretär(in)
sentimental	gefühlvoll, liebevoll
sérieux/se	ernst
si	wenn
siècle *m*	Jahrhundert
signer	unterzeichnen
souhaiter	wünschen
souvent	oft
succès *m*	Erfolg
suivre *irr*	folgen
sur	auf
sûr/e	sicher
table *f*	Tisch
temps *m*	Wetter
tenez !	*hier:* da, hier, nehmen Sie
tentative *f* **de meurtre**	versuchter Mord
thé *m*	Tee
tiens	ach, sieh an; bitte sehr
tomber	kommen (Nacht)
tout le monde	alle, jeder
tout va bien	alles gut
travail *m*	Arbeit
travailler	arbeiten
triste	bedauernswert; traurig
tromper	betrügen
trop	zu viel
trouver	finden
tuer	töten, ermorden
tueur *m*	Mörder
vendre *irr*	verkaufen
se venger	sich rächen
venir *irr*	kommen
venir *irr* **de**	kommen aus
verre *m*	Glas
victime *f*	Opfer
vie *f*	Leben
ville *f*	Stadt
vite	schnell
voilà	hier
voir *irr*	sehen; treffen
voisin/e *m/f*	Nachbar/in
voler	*hier:* stehlen
vouloir *irr*	wollen
vouloir *irr* **dire**	meinen
voyager	reisen
vrai/e	richtig, wahr

Spannend Sprachen lernen

Kriminell gut

ISBN 978-3-8174-9661-7

Lernlektüren für Anfänger

- Spannende Krimistorys mit zahlreichen Übungen
- Vokabel- und Infokästen direkt auf der Seite
- Durchgehende Geschichte oder drei Kurzkrimis

ISBN 978-3-8174-1877-0

Spannendes Hörerlebnis

- Audio-CD mit Begleitbuch
- Gelesen von Muttersprachlern
- Inklusive Übungen und Vokabelangaben

ISBN 978-3-8174-9501-6

Kriminell guter Rätselspaß

- Mini-Krimis mit Sprachrätseln
- Lösungen und Vokabelangaben auf der Rückseite
- Zahlreiche Illustrationen

www.lernkrimi.de | www.compactverlag.de